图书在版编目（CIP）数据

自从有了你们俩 / 速写本子著．— 南宁：接力出版社，2019.8

（木朵和米卡）

ISBN 978-7-5448-6086-4

Ⅰ．①自… Ⅱ．①速… Ⅲ．①儿童教育－家庭教育 Ⅳ．① G782

中国版本图书馆 CIP 数据核字（2019）第 076821 号

责任编辑：李明淑　　文字编辑：海梦雪　　美术编辑：张　喆
责任校对：高　雅　　责任监印：史　敬
社长：黄　俭　　总编辑：白　冰
出版发行：接力出版社　　社址：广西南宁市园湖南路9号　　邮编：530022
电话：010-65546561（发行部）　　传真：010-65545210（发行部）
http://www.jielibj.com　　E-mail:jieli@jielibook.com
经销：新华书店　　印制：北京富诚彩色印刷有限公司
开本：889毫米×1194毫米　1/24　　印张：10　　字数：80千字
版次：2019年8月第1版　　印次：2019年8月第1次印刷
印数：00 001—10 000册　　定价：49.80元

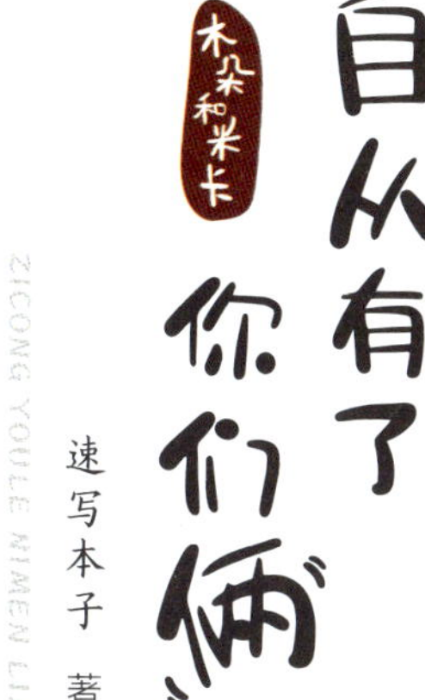

木朵和米卡

自从有了你们俩

ZICONG YOULE NIMEN LIA

速写本子 著

一辈子，真的得有两个孩子

为了写这段文字，我酝酿了很久，不是不知道写什么，而是想写的东西太多，不知道先写哪个。

其实，比起当年一帆风顺地有了木朵姐姐，米卡弟弟的出生虽然有惊无险，但多多少少还是让我紧张了一阵子。这像极了米卡的性格，他可从来都不是按常理出牌的主儿。

米卡还在妈妈肚子里的时候，就开始作怪，我们的生活在那段时间发生了巨大的变化。由于身体的原因，为了米卡平安降生，木朵妈妈被迫提前入院，这一住就是一个多月。虽然我一直陪在她身边，但那段时光还是非常难熬的。

正赶上放暑假，木朵没有在爸爸妈妈陪伴下四处旅行，而是被暂时“寄存”在爷爷奶奶家。这是我们第一次夫妻两人同时跟木朵分开，以前连出差我们都是轮流着来，总得留一个陪她。直到现在，我还会跟木朵妈妈调侃，那一个月，也算我们两个难得的“二人世界”了。

后来，米卡弟弟还没等医生们开会讨论手术方案，就自己选择了一天提前但平安地来到了这个世界。从此，我们家正式多了一个人，也开始变得无数倍地热闹起来。

我们希望坚持自己带孩子，但两个孩子，一个上小学，一个刚出生，我们两个再怎么轮班也是顾不过来的。所以很无奈，木朵妈妈万般不舍地辞去了她那份被很多人羡慕的、可以满世界飞的工作，专心在家带娃。这个真的真的算得上一种牺牲，因为独力带两个孩子，的的确确比上班累多了。

米卡弟弟跟木朵姐姐的差别非常大，上到脾气性格，下到生活习惯，几乎各方面都不一样。木朵是我们这个家里最期待米卡出生的人，但这一天真的到来的时候，再有爱心的姐姐也会有不安。随着偶尔霸道的米卡慢慢长大，那些二孩家庭普遍面临的问题也逐渐浮现出来，有争宠，也有矛盾，但更多的是姐姐对弟弟的爱护和耐心，还有弟弟对姐姐的追随和崇拜。

以前看到过这样一句话，"父母能够留给孩子的最好遗产，就是手足，是兄弟姐妹"。我们常跟木朵说："你是我们的，弟弟是你的，弟弟将会是你最亲的亲人。我们爱了你七年，时间长，但弟弟出生后，除了爸爸妈妈，还多一个姐姐爱他，人数多，所以你们两个都很幸福！"

多一个孩子，不只是简单的从"一家三口"到"一家四口"的称呼上的变化，也不只是多了一次生日旅行的机会，而是生活模式上出现了太多的变化。为了给孩子们更好的生活和教育环境，我作为爸爸——家庭的支柱，也就更多了一份责任。我需要更努力地工作，比以前更忙碌，也就会面临更多的挑战。不过，就算遇到再多的困难，只要看到孩子们的笑脸，还有那些大大的拥抱和一声声叫到心窝里的"爸爸"，所有的烦恼就都消散了。所以我经常说，孩子是我忙碌生活的解药。

当年有了木朵姐姐，我很欣慰，如愿以偿有了一个女儿。现在又有了米卡弟弟，我很知足。相爱的两个人，这一辈子，真的得有两个孩子，一个像我，一个像她……

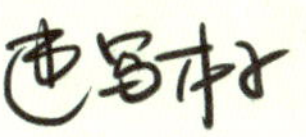

目录

无数次想象姐弟俩第一次见面的场景，真到了这一天，还是无比感动。一双小手牵着一双小小手，一家四口终于团聚了。

1

初见

——姐姐的米卡

初见

终于，木朵当上了姐姐，弟弟小名叫“米卡”。这是姐弟俩的第一次相见，木朵七岁，米卡七天。之前的一个月，我陪着只能卧床的木朵妈妈在医院度过，木朵被“寄存”在爷爷奶奶家，米卡横在妈妈肚子里。几个人分处几地，不能相见。

现在住在月子中心，虽然房间不大，但至少我们在一起。感慨妈妈们的伟大，珍惜眼前简单的生活！

降智商

四个人谁也舍不得离开谁，连月子中心都选的是木朵学校附近的。唯一没有办法解决的就是四个人的作息时间不同，但又必须在同一个房间生活。晚上，木朵要写作业，灯有点亮，我就给一直在睡觉的米卡搭了一个小“窝”。木朵看见了，让我给她也搭一个。连米卡的床铃，木朵姐姐也想玩一玩。这是不是又一次验证了姐姐的智商在特定的情况下会降到弟弟的水平？

姐姐
学我！

争宠

刚开始，我们在月子中心的安排是爸爸妈妈睡大床，木朵睡沙发床，米卡睡小床。可是，这样的局面没有持续几天就发生了变化，某妞重新占领“制高点”，挤到了妈妈的大床上。原来，心再大的姐姐，也会在特定时候开启“争宠模式”。

“姐姐”是一个身份，也是一个孩子。

不公平

又到周一，木朵要早起上学了。可是她实在是不想起床，闭着眼睛抱怨：“为什么米卡可以一直睡觉啊？不公平！”

闺女啊，其实……爸爸也不想起床。

好在世界是公平的——到了晚饭时间，米卡一定在想：太不公平啦！我也要和你们一起吃饭！

儿子啊，你急什么？就看你这潇洒睡姿，我们一家四口的安静状态估计也持续不了多久了吧。

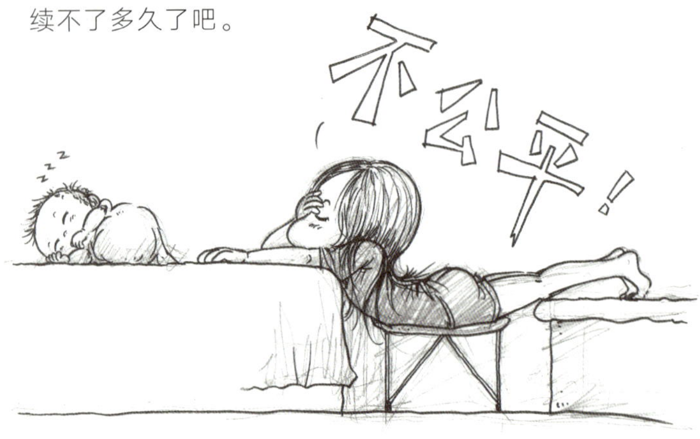

z
z
z

更爱谁

终于，这一天如期而至。木朵向我们提出了所有二孩家庭的父母都必须回答的问题——“我和米卡，你们更喜欢谁？”

我们异口同声地说：“当然两个都喜欢啦！”

“那如果非要说一个呢？”

“当然是你啦！我们才喜欢米卡十几天，但已经喜欢你七年啦！不过米卡也很幸福，因为你出生的时候是爸爸妈妈两个人喜欢，可是米卡一出生，就是爸爸妈妈和姐姐三个人喜欢了呢！”

木朵对答案很满意，估计这次是终于觉得公平了吧。

木朵啊，你慢慢就会知道，什么公平不公平一点儿都不重要，最重要的是你的心态，因为心态能决定你的心情。

手足之情

对于二孩家庭来说，家里突然多了一个小孩，父母的时间和精力被分散，大宝的情绪多多少少会有变化。有时候，我们做父母的也会感觉到压力，需要时刻注意自己的言行。但当图中这一幕出现的时候，我们突然觉得一切担心都是多余的。弟弟是我们给木朵的最珍贵的礼物，因为手足之情是连父母都给不了的爱！

照顾

我们经常和木朵说："木朵，你是我们的，米卡是你的，你要好好照顾他哟！"于是，每次出去都是姐姐负责推着米卡。不过，真不知道一个小"狮子弟弟"受不受得了风一样的"天秤姐姐"的"照顾"。

帮忙

木朵姐姐小时候是我给洗澡，因为需要用手托着头，而爸爸的大手比较舒服。现在，米卡弟弟也是我给洗澡。比姐姐更幸福的是，米卡洗澡还有姐姐帮忙。木朵姐姐简直把这个当成了很好玩的游戏，比米卡还开心。

分工

家里有俩娃，哪个也不能怠慢。分身乏术，爹妈就只好分工合作。在这个比较特殊的阶段，爸爸还能带着木朵出来兜风，妈妈只能领到最辛苦的那个任务啦！

生日快乐

米卡弟弟才两个月，还不适合长途旅行，所以，今年木朵姐姐的生日旅行没办法实现了。为了不让木朵失望，爸爸和妈妈竭尽所能地准备了好多礼物：木朵一直想要的水下相机，马上要完工的画室，油漆未干的小树屋和滑梯，以及各种衣服、鞋子、包包……

可是，当我们问木朵最喜欢哪个礼物的时候，她指着米卡弟弟说："是他哟！"

宝贝，生日快乐！

最好的礼物

七年前的今天，是两个半月大的木朵的第一个圣诞节，她成了我们夫妻二人收到的最好的礼物。

今天是四个半月大的米卡的第一个圣诞节，他变成我们夫妻和木朵三个人收到的最好的礼物。

当然，你们也是给对方最好的礼物。

生老二之前，老大们都同意吗？

身边有二宝甚至三宝的家庭越来越多。朋友们聚在一起，难免会聊起各家准备要二宝的时候大宝们的态度，以及有了二宝之后的状况。确实，不管是计划还是意外，大多数爸爸妈妈总会在第一时间考虑大宝的感受，尤其是计划内的，更是希望先询问大宝的意见。

大宝们的反应不外乎以下几种。

1. 热切盼望型。不排除有少数后来反悔的，比如权益受到侵占的时候。

2. 提出条件型。比如要男孩还是女孩，长得好不好看，将来会不会抢玩具之类的。

3. 无所谓型。这种有的是真无所谓，但大多数跟点菜的时候问他吃什么，他说“随便”一样，其实心里有倾向，但不愿意直接表达，等你选完再发表意见。

4. 强烈抵触型。这部分有的会一直坚持，有的会发生变化，尤其在真正面对一个小生命的时候，迅速倒戈。

这让我想到之前网传的一道小学语文考试题目，问题是：“如果你的爸爸妈妈想给你添一个弟弟或妹妹，来跟你商量，你会说些什么？”小朋友们给出的答案让人哭笑不得。虽然知道木朵的态度，我还是问了她同样的问题，木朵的回答非常坚决，就像当初她跟我们表达的一样：“必须要，家里只有一个小孩太孤单了。”

木朵三岁以后，对朋友有了更明确的认识，开始享受有伙伴的乐趣。有好多次，小朋友来家里聚会，结束后，总是一个不舍得走，一个不舍得让走，在门口告别好久。最后，一个哭着走了，一个留下来闷闷不乐。要不就是人家前脚刚走，木朵就怅然若失地追问：“明天谁来咱们家？”

偶尔我和木朵妈妈没办法按时接她放学，就会拜托好朋友帮忙把她先带回家。朋友家有一儿一女，加上木朵，三个小家伙总是又快又好地写完作业，开心地疯玩，还顺带在朋友家蹭顿可口的晚饭。

家有兄弟姐妹的生活，让木朵羡慕不已，她有时甚至会和我们说：“你们今天都要开会吧？让同学的妈妈先接我放学吧。”后来，我们旅行都是尽量和朋友们约在一起。对木朵而言，旅伴比任何目的地和旅行方式都重要。

再大一点，木朵更是明确表示，她很想要一个弟弟或妹妹。可以说，米卡弟弟是她盼来的。于是，在养育二孩这条路上，手握大宝提前给的一张“同意函”，心里踏实了一大截。

每个人都开始挑战新角色：两个娃的爸妈、姐姐、弟弟。满怀着爱，勇敢面对就是了。

放轻松

——人生都是第一次

哈利波特

语文
二年级下

第一次考试

木朵参加了人生中第一次正式考试——英皇芭蕾考级。我们一直特别喜欢木朵所在的舞蹈学校，在这里，孩子们很快乐。老师给孩子们营造了相当正式的氛围，所有的细节都很有仪式感，艺术、老师、孩子受到了应有的尊重。

木朵，以后你还会经历大大小小的考试，结果一点儿都不重要，但你一定要享受这个过程，认真去做就好。

第一次去好朋友家过夜

木朵第一次去好朋友家过夜啦。对于从小拽着爸爸妈妈衣角长大的木朵来说，这真是一次突破。送走木朵之后，我忍不住跟木朵妈妈感慨，孩子长大了，还真有些不适应呢！

一转身，看见家里还有一个得拽着衣角长大的米卡弟弟……

爸爸的味道

米卡一高兴就喜欢啃别人下巴，啃完妈妈啃姐姐，每次啃完都手舞足蹈。

有一天，米卡同样激动地啃了爸爸，原来爸爸的味道是这样子的……

慢慢来

今天带米卡去看木朵在舞蹈学校的演出。看着舞台上的木朵姐姐那么自信，我不由得想起五年前木朵在幼儿园的六一演出。她连衣服都不肯换，在台上手插着兜，含着泪，一动不动。简直不敢相信她如今在舞台上这么自信，特别感动！

孩子，我们愿意给你足够多的时间，不急，等你慢慢来！

米卡进入语言期

米卡弟弟会发不少音了，比如见到女孩就说 Jiejie，想要东西说 Mama，看到所有新鲜事物说 Baba……

Baba!

Baba!!

Baba!!!

Baba!!!
?

遥控车

小朋友来家里玩，木朵翻出来一个尘封已久的遥控玩具车。米卡弟弟从来没见过，直接被这个会自己跑的东西吓到了，躲在姐姐背后小心翼翼地观察。

“这家伙是哪个星球来的？”

没过多久，妈妈又买来一个扫地机器人，米卡弟弟简直要崩溃了。

“啊！这怎么又来了一个？你们最近怎么搞了这么多会自己动的家伙出来呢？”

神秘任务

学校在学期末给家长布置了“神秘任务”：给孩子写一封信。信的内容不限，唯一的要求就是尽量手写，写好信交给老师，老师再充当信使，把信交给孩子。

突然要给孩子写信，我和木朵妈妈竟然都有点紧张。俩人连写带画，意犹未尽。我还在信封上画了一家四口的头像，想象着木朵在一堆信里，一定会第一眼找到属于自己的这封信。

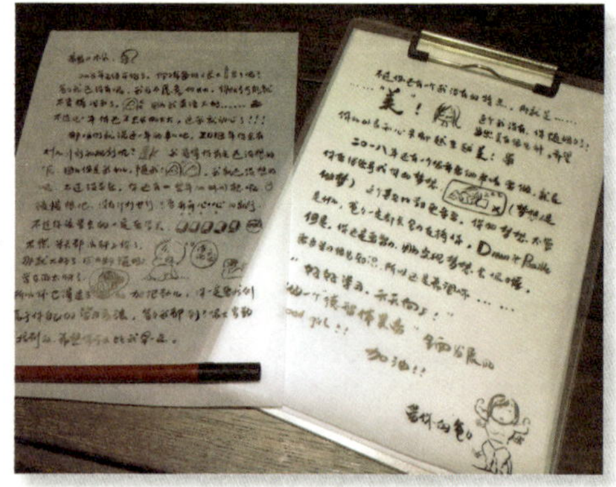

2018 年这么快就来了！

有了米卡以后，日子过得更快了。搬了家，生活开始一点儿一点儿恢复，走上正常的轨道。米卡会爬了，会走了。木朵上了三年级，虽然看上去仍旧像小豆包。跨年夜，一家人竟然没有一个有能量撑到零点，按大小个儿的顺序相继倒下了。好在，时间已经让一家四口的日子从容不少，可以一起慢慢回忆，一起憧憬明天了。

流感来袭

这是悲惨的一个礼拜，从病倒“两小只”，变成一个照顾三个。到最后，我也终于倒下了。

当然，木朵是给药吃药，给水喝水，啥也不耽误。精神好的时候，晒着太阳看书，写作业，累了就自己听故事，听音乐，睡觉。有女如此，让我“老泪纵横”，我们上辈子是碰巧拯救过全人类吗？

再看看米卡，我跟木朵妈妈只好面面相觑。唉，抵抗流感就像一场战斗，可是比流感更可怕的是米卡。这只猴子已经重新站起来，并且能量翻倍。醒醒吧！别做梦了，上辈子拯救全人类的任务肯定没轮上我们俩。

限时作文

木朵因为生病没去上学，耽误了考试。我们跟她说，其实考不考试都没有关系，分数高低也没关系，但一定要把学到的知识掌握了。所以，妈妈本着要掌握的原则，给木朵安排了限时作文。不过……

作文
10分钟后
20分钟后
30分钟后
作文
木朵，你的作文写得怎么样了？
怎么想也想不出来，我把它关屋里了，让它自己好好想想……

喂什么呢?

有了米卡之后，木朵终于补上了“过家家”这一课。她最热衷的应该是“喂食”这个工种，是不是受热衷于喂动物这一喜好的影响啊？要知道，她去动物园，但凡能喂的绝不错过。所以，对待米卡，木朵可以迅速进入角色——在家里喂，在推车上喂，出去吃饭喂，吃饱了消食的时候也喂。除了睡着的时候，简直是有机会就喂。

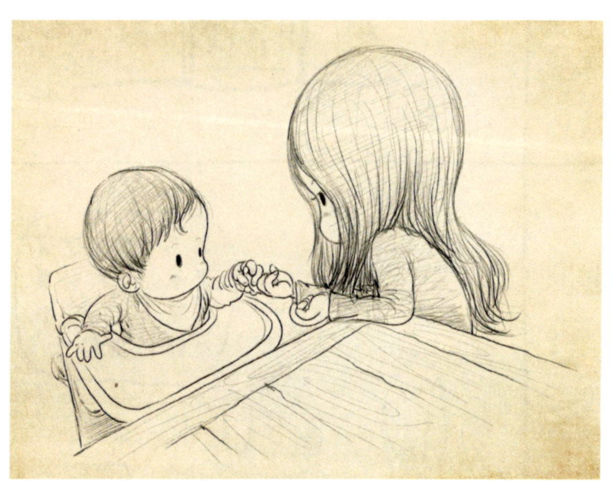

姐姐的“杀手锏”

“给吃的”成了木朵哄弟弟不闹的一招“杀手锏”。开始，木朵还需要像喂鸟一样，把面包中间软的部分一点儿一点儿揪出来，后来就可以直接递过去一个大肉包子了！结实的米卡就这样被姐姐“喂”大了，跟动物园里姐姐喂过的狮子、大象、长颈鹿，还有袋鼠、海鸥、鸽子们一样。

腊八节

又到腊八！每年的固定节目——做腊八粥开始了！跟木朵一起准备了材料，随意放了些家里现成的各种米、豆子、银耳等食材，数了数竟然有十六种。木朵在日记里画了制作腊八粥的原材料，似乎是在学习这些食材的英文。看来，小姑娘已经有自己学习新知识的方法了。

一家四口吃上热腾腾的腊八粥，就算正式开始过年了！那句童谣是怎么唱的？

“小孩小孩你别馋，过了腊八就是年！”

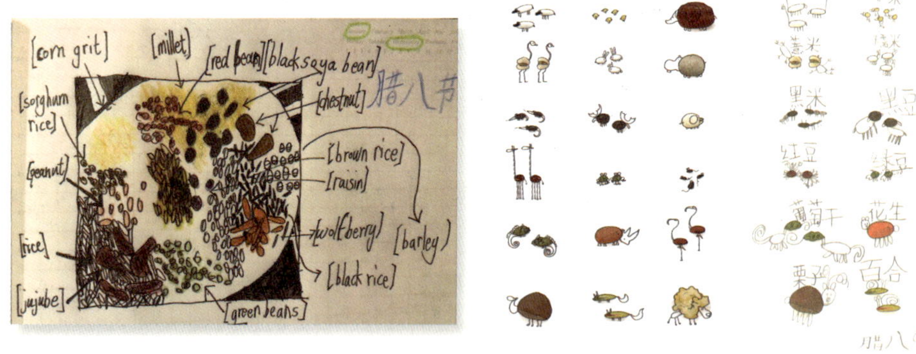

腊

百年一遇

米卡弟弟把发光的物体统称为“灯”，而且还知道“关灯”……

纪念一下150年一遇的天文现象：
月食血月+超级月亮+蓝月亮。

除夕画拜年贴

从猴年，到鸡年，又到了狗年，一年又一年，不管在哪里过除夕，在这天，画拜年贴已经成了习惯。以前木朵是主角，现在变成俩主角——木朵和米卡。原来是爸爸自己画，现在木朵也跟着画，估计过不了多久，米卡就该加入了。

迎财神

过年的时候，人就是喜欢热闹，连正月里的画也不由自主地变得喜气洋洋。拜完年就开始迎财神，瞧把家里这俩“年画娃娃”给忙活的！

元宵节

不到元宵节，年就不算过完。吃元宵或者汤圆，舞狮子，看花灯，猜灯谜……这日子就跟除夕一样重要。我家会跑的劳动力又多了一个，送祝福的队伍也壮大啦。

元宵节
快乐

孩子该不该学画画？

我经常被问到关于孩子画画的问题。其实，每位孩子都是独立的个体，有自己的成长节奏。我的建议不针对绘画天才以及从小决定要走专业绘画路线的孩子，希望能够帮助那些愿意把画画当作兴趣而终生受益的孩子。

我个人不建议孩子过早地学画画。当然，要解释一下：第一，孩子是多大的孩子；第二，学画画是哪种学法。

关于年龄，我觉得六岁之前，有的孩子甚至在十岁之前，都没必要学习专业的绘画技法。画画是孩子与生俱来的一种能力，和说话一样，是一种情绪表达方式。所以，保留孩子的自信和兴趣，比掌握技法更为重要。

对于父母来说，鼓励、观察和引导孩子画画，是了解孩子的一种方式，这种经历弥足珍贵。如果是希望孩子接受美术学院的教育，建议在养成画画习惯的基础上，十二岁以后再开始专业学习。当然，孩子的年龄不能划定统一的标准，因为每个孩子的心智和手部肌肉发育的进程都不一样，父母需要观察和了解自己的孩子，充分尊重孩子的兴趣和意愿，根据实际情况进行判断。

这里的“学”指的是正儿八经地找个老师，跟着老师的教案学习技法。不是觉得这样完全不好，只是在现实条件下，选择适合自己孩子的优秀机构或者老师，往往和自己努力成为孩子的画画陪伴者一样，需要耗费大量的精力。更重要的是，对于年龄较小的孩子来说，把陪伴孩子的这个时间段交给机构和老师，等于放弃了和孩子互动的机会。在孩子的概念里，画画也已经不再是一种有意思的表达和记录方式，而是变成了每周一次的课程。

孩子的适应和接受能力不同。有的孩子过早地学习技法，会受到技法的束缚，或者是心理的束缚。而有的孩子则因为掌握了更为专业的技法，能够在课余的时间里更自信、大胆地画画。也有的孩子从来没有受过专业的训练，没有学过专业的绘画课程，却因为兴趣和良好的习惯，一直是画笔不离手的状态。

怎样引导孩子画画?

从很小的时候开始，木朵会随时走到画桌前画两笔，想画的时候就不停地画，不想画的时候就会停下来。我们经常一起画画，我让她用自己喜欢的方式随意使用我的颜料，虽然有时候也会心疼水彩颜料被当作油画颜料用来进行各种涂抹。

上学之后，木朵在学校跟着美术老师上艺术课。老师不讲技法，但会给她讲凡・高、康定斯基、达・芬奇，让她尝试体会这些画家的风格。木朵放学后会和我侃侃而谈。画画在她的概念里，不是什么特别的事情，而是最自然不过的小游戏。我很羡慕她，不管什么时候，拿起画笔，就无比自信和笃定。

我理解很多父母并不在家里画画，但一样有美好的愿望，希望陪伴孩子。可真正陪伴的时候又觉得无计可施，备受打击。我想，那可能是因为没找到合适的方法进行引导，把本来好玩的事情弄得不好玩了。在陪木朵画画的这些年，我也在思考，怎样的引导是最适合的方式。

下面几条建议，不妨试试看，也许你能发现适合自己孩子的方法。

给孩子无聊的时间

什么意思呢？就是别把日程排得太满，给孩子一些无事可做的时间，才可能有创作的机会。欧洲小镇的很多普通人都是能歌善舞、能写会画的。有的就是因为冬天太长，适合工作的时间太短，加上人烟稀少，无事可做。虽然这是极端的例子，但至少说明艺术创作不能没有时间。

提供丰富的材料和触手可及的机会

建议专门给孩子准备小画桌，让常用的画纸、画笔、颜料以及相关辅助工具触手可及。给孩子准备不同的画材，让他体会不同的绘画效果。随时坐下就能画，比起准备半天才开始画要多出很多可能性。外出聚会或者旅行，为孩子随身携带简单的绘画工具，让画画成为自然而然的事情。

多看大师的作品

孩子是天生的艺术家，也是天生的鉴赏家，他们对作品的感知能力是成人无法企及的，他们能够从大师的作品中

得到无限启发。有可能的话，带孩子多看真迹，给他们讲艺术家和作品背后的有趣的故事。艺术史上有太多的重量级作品凝结了伟大艺术家们一生的探索成果，这些作品的艺术力量对孩子而言，其价值比它们在拍卖市场的价格更高。

画头脑中的事物，临摹和写生是辅助方法

鼓励孩子画自己头脑中的印象。想着画而非照着画，你会发现越小的孩子越有自信。习惯了这种方法后，他们观察的仔细程度和记忆、消化的能力会远远超过成人。当然，临摹并不可怕，可怕的是临摹的作品不合适。前面提到的大师的作品，是临摹的好范本。临摹的标准不是要临摹得像，而是要在临摹的过程中体会画家的意图，感受作品本身的意义。写生同理，走到大自然中，让孩子选择感兴趣的事物，学习观察和记录，是绘画的好方法。

在生活中玩出创意

把画画延伸到生活中，而非每次画画都端端正正地坐着。生活中的很多事情可以用画画的方式来玩，很多物料也都可以用来玩。各种废旧物品，甚至食材都可以用来创作。成人还可以和孩子一起画生活日记，画绘本，画情绪手册，画家庭树，画旅行手账。画画可以让生活更有仪式感，充满美和创意。

谨慎评价孩子的作品

切忌用“画得像”评价，不要在技法上做过多的非专业的指导。孩子的画，本来也没有应该怎样、不应该怎样的标准，一定要充分尊重他们，给他们创作的自由。孩子有自己的独特见解是非常值得鼓励的。评价可以用在观察得是否细致和情感表达方面，学会倾听孩子讲述他对作品的理解。

如果可以，请和孩子一起画画

不管家长是否有绘画基础，请尝试和孩子一起画画，也许你会发现，这样的陪伴是孩子最期待的。自己要先成为热爱生活、懂得观察生活的父母，才能在陪伴的过程中影响孩子，同时从孩子身上获得灵感，继而发现更好的陪伴方法。如此良性循环，孩子会自然而然地和父母一起提升对生活的认知与审美。

选择什么样的机构或者老师

我理解很多爸爸妈妈觉得自己不会画画，不懂得怎么引导孩子，或者没有那么多时间陪伴孩子。这种情况下，如果仍然希望给孩子营造艺术氛围，让孩子了解更多的艺术常识，也不应排斥寻找适合的机构，尤其是在孩子对画画表现出极大的热情，对绘画技巧表现出强烈的求知欲望的时候。

我把“学”画画的“学”加上引号，其实是想强调，对于较小年龄段的孩子，我认为的合适机构是提供一种互动游戏式课程，而非机械学习技法的课程的机构。也就是说，孩子们跟这样的机构学画画，更多的是在进行一种把绘画、雕塑或者做手工等方式当作工具的游戏。

授课老师怎么引导孩子观察和思考也很重要。老师要有意识地针对不同孩子的特点去指导，而不是“教”会孩子怎么画画，简单直接地传授技法；带孩子系统地认识美术史的发展特点，尝试不同的材料和绘画风格，让孩子了解美术史中的各大流派；鼓励孩子进行天马行空的创作和发挥，而非千篇一律的模仿。

老师要对孩子的作品有多样化的预期和评价方法。对于作品的评价，不是画得好不好，像不像，而是能够发现孩子的性格和绘画特点，进而鼓励、启发和引导。不追求产出所谓的“作品”，而是更关注孩子的创作过程，耐心倾听孩子对于自己创作行为的理解，珍视孩子作品中的纯真和不完美。

每一个机构都会有自己倡导的理念，也会在实际运营过程中有各种妥协。所以，家长在选择机构以及与授课老师沟通的时候，不妨明确表达自己的观点，注重过程而非结果，这会让老师有更明确的指导方向。

经历过这个阶段之后，进入更高的年龄段，或者已经拥有良好绘画习惯和绘画理解能力的孩子，就可以系统地寻找更为专业的绘画机构，学习不同的绘画门类以及技法。从素描到色彩，逐步接触水彩、油画、雕塑、插画等。

孩子从小画画不是非要成为艺术家的。作为父母，我们更应该关注的是，画画培养了孩子的观察力、想象力、创造力和审美能力，培养了他们对生活的热爱。无论他将来从事什么样的工作，是否与绘画有关，坚持画画都会让他们懂得生活的另一种美好。

更加珍惜在一起的时间，不想错过你们长大的每一个瞬间，每一天都值得回忆。

3

陪伴

——没有谁是应该做什么的

M
M

全职妈妈

木朵妈妈自己带着两个孩子在家，我总是放心不下。这一次出差的进展比预期的顺利，为了早点到家，我改签到提前了两个小时的航班。

自从有了米卡弟弟，妈妈就辞掉了那份可以走遍世界的工作，专心在家照顾孩子。对于那么爱旅行的她来说，这是很大的牺牲。对于孩子来说，却是无比大的幸福。我一直都想表达对全职妈妈们的敬畏，因为，去上班比每天二十四小时带孩子要轻松多了。所以，爸爸们真的要多参与其中。育儿，一定是爸爸妈妈两个人的事情，虽然少了自己的时间，很忙很累，但这样的每一天都值得回忆！

写作业

坐在对面看着木朵写作业。站着看——我可爱的小公主，刚坐下——真（女）霸（汉）气（子）！所以，经常换个角度看看，会发现世界大不同！

在一起

我们家的座右铭是“我们是个 family（家庭），走到哪里都不分离”。可是对于一个没有保姆和老人帮忙的二孩家庭来说，很多时候还是需要取舍的。比如，同一时间上游泳课，男生们被分到了一组，女生们被分到了一组。因为平时都是我带着米卡下水，所以也算轻车熟路。可是一起上课的家长们却很吃惊：“你自己来的啊？”我说：“是啊！”回头一看，人家除了妈妈，还来了姥姥、姥爷和两个保姆，一个小孩配了五个大人！那位妈妈很无奈地说：“我家老公啥也不管，根本就帮不上忙。”

我笑了笑，心里却在反思一个问题，我们家好像从来没有“帮忙”这个概念。家是一个整体，没有谁是应该做什么的，或者谁帮谁做什么。不是说看孩子、做家务就是妈妈的事，也不是说挣钱养家就必须是爸爸的事。我们习惯了一起努力，一起养孩子，从两个人到四个人，从日常到旅行，我们只是习惯了“在一起”。

情人节

又是一个差点被遗忘的情人节，没有玫瑰，没有巧克力，也没有礼物，但我们有两个可爱的小情人，从三个人的情人节到四个人的情人节，依旧平淡，却更加幸福……

“父女节”

听说今天“半边天”们都过节呢？妇女节、女神节、女王节……不管怎么叫吧，从“买买买”到放半天假，热闹！看朋友圈不停“刷屏”，有什么“宜上街、花钱、嘚瑟，忌煮饭、打扫、洗衣”。我们俩就照常上班、带娃、煮饭、打扫、洗衣……好吧，这是男女都重要啊，重要到谁也放不了假，因为啥环节都省不了。

想象力

之前学校组织文化活动，木朵班分到“杭州”主题，老师邀请我跟小朋友一起画杭州历史上的名人。于是，我们先搜集了一下资料，还真不少。不过认真的爹妈遇到有想象力的孩子时……

长亭外，古道边，
什么什么B什么天……

那个是
弘一法师。

不是红衣法师，
是弘扬的弘。

……

小长假

五一假期难得没有出门，干脆偷个懒，在家好好歇歇。脑海里构思出理想假期的样子：可以一家人安安静静地听音乐、看书、画画；可以什么都不做，一家人闲坐着，看看小院子里的花花草草，喝茶聊天。但实际情况是，这个小长假，除了木朵写作业、看书、练琴，我和木朵妈妈都在轮流和这只精力越来越旺盛的“猴子”斗智斗勇。

不知不觉睡着了，睁眼一看，天都黑了，沙发上满满当当的都是人……这假期可比平时累得多。

受伤了

木朵找到一个很久以前买的图章，可盖子打不开。神勇无比的我，二话不说翻出工具箱里的小刀，三下两下，一句“好了！”紧接着一声“哎哟！”——撬开图章的同时，不小心划破了手指！一边用力摁着伤口不敢松手，一边跟木朵妈妈描述伤口又深又长。木朵妈妈拿出急救包，赶紧给我止血包扎。为了安心，还让我去附近医院检查一下，看是不是有必要做其他处理。木朵自告奋勇，替妈妈出马，陪爸爸去医院。

我的手被刀划了口子，可大可深了，您快帮我看看，有什么问题吗？会不会发炎？需要缝针吗？需——要打破伤风针吗？会不会感染啊？我得怎么办啊？！
让我看看！

多亏您来得及时啊！
再来得晚一点儿就愈合了！
……
这个没事，处理一下就行。

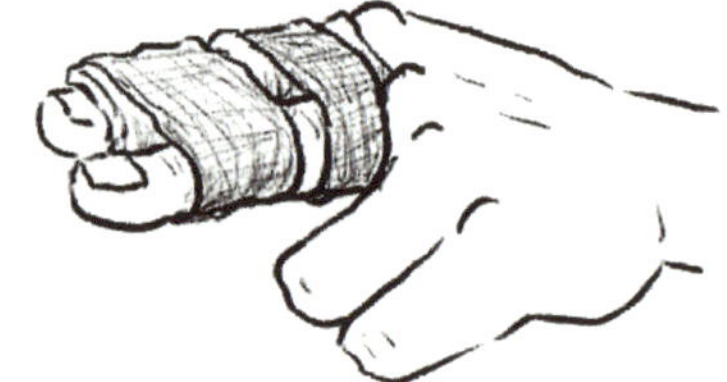

从小在爱的陪伴中长大的孩子，最懂得爱和陪伴的意义。

等孩子们长大了，即便我们不在身边，他们也能随时感受到家人的陪伴。

遗传基因

小区里的黄杨有很多被修剪成了球形，每次木朵从它们跟前走过，都会说那是“树怪”。晚饭后闲来无事，我剪了两个圆圈涂成黑色，跟木朵说：“走，咱们找树怪去！”这下木朵玩“嗨”了，瞬间变出来好多种“怪”！在我们家，这样的玩法，可以说是随时随地都在进行。再看米卡，他更是善于发挥想象力，玩得花样百出，玩得天马行空，玩到让人惊讶，甚至崩溃。

敲敲打打

又一次情景重演，家里出现各种敲敲打打。看着俩娃的“奇葩爱好”，我和木朵妈妈经常相视苦笑。这俩家伙怎么满脑子都是些敲敲打打的念头？一定不随我！

咚！
咚！
咚！
锵！
咚！
锵！

女承父业

白天，我们工作的工作，上学的上学，所以，我们很珍惜晚上全家人在一起的时间。吃过晚饭的常态是木朵写完作业跟我一起画画。最近她最喜欢画的就是房子。这姑娘小时候就喜欢玩卷尺，大一点就嚷嚷着要跟我去工地，连看书都挑着“盖房子”的书先看，这真的是要“女承父业”吗？

端午节

对木朵来说，端午节就是粽子节，她一直爱吃没馅儿的纯糯米小粽子。现在米卡终于长大了一点点，可以尝一口粽子的味道了，姐姐赶紧把自己最爱吃的小粽子留给弟弟。没想到，米卡却因为黏糊糊地粘了一手，一口都不吃，毫不领情，真是枉费姐姐的一番好心。小孩的世界我们不懂啊。

端午
佳节粽子

珍惜

因为提早完成工作，我把本来八点多的飞机改签到四点，这样的话，到家的时候孩子们都还醒着。在机场等飞机的时候翻看手机里的照片，无意间看到这张 2011 年画的木朵，那会儿木朵一岁五个月，喜欢爬楼梯。转眼间，米卡弟弟都一岁多了，木朵姐姐已经可以保护弟弟了。每到这种时候，都会感慨时间过得太快，所以即便是这几个小时，也希望好好珍惜……

贴纸

小伙伴送了木朵几张钻石贴纸，别的小女孩是那样玩的，可木朵是这样玩的……

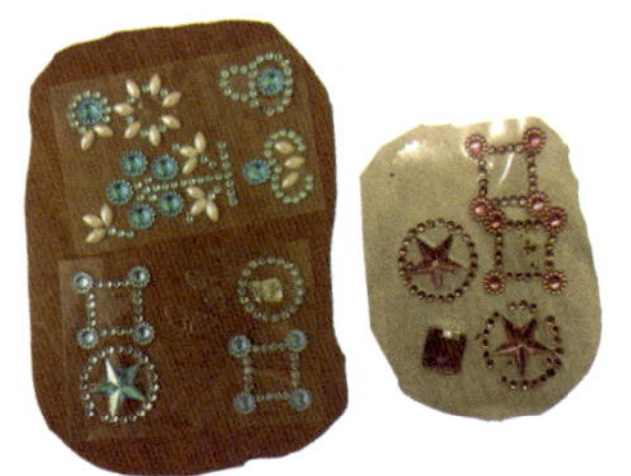

叭！
叭！
叭！

坏人！

哈！
木朵，你是个小女孩啊！

身边的美好

很偶然的机会，完全无计划地带米卡在北海公园闲逛。想了想，好像有好多年没来了。回过头来才发现，走遍了大半个地球，却并不那么了解自己生活的城市。有了孩子，带着他们去看全国各地和世界，却没有带他们认认真真地走过北京的大街小巷。其实，我们有这么美的北京啊，尤其是没有雾霾的日子。不要只为走更远的路，而忽略了身边的美好。

没关系，我愿意

出差两天，赶回来参加木朵姐姐的学校活动。由于天气原因，飞机经历了各种延误。也算幸运，最后时刻改签的航班居然提前到了。刚进家门，木朵妈妈说：“你命好，可以回来睡自己家的大床。不过呢，也得回到现实。看看吧，大床上都是人，大的小的都要等你回来。”

看着歪七扭八地睡在大床上的一双儿女，无比幸福。

没关系，我愿意！

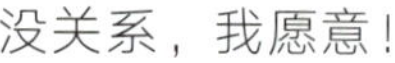

用自己的方式陪伴孩子

木朵还没出生的时候，我画过一张画，叫《你的样子》。那天，木朵还在妈妈肚子里，我们去木朵的干爸干妈家。停好车，觉得天气真好，忍不住在车里晒了会儿太阳，我觉得脑子里有无数种木朵的样子，就迅速画了下来。这些样子，有俏皮的，有恬静的，有活泼的，有酷酷的，有运动的，有文艺的，各不相同。

九年一下子过去了，再看到这张画，竟然发现我还挺先知先觉的，知道这孩子是个没什么常性的娃，喜欢的东西也越来越多。上学之前的生活更简单，很多娱乐时间，木朵都在画画。所以，我的画中也有很多木朵画画的样子，我们一起做的游戏，也大多跟画画有关，妈妈的相机里也是同样的情况。

后来，木朵有了更多爱好，开始跳舞、弹钢琴、打球、学吉他，开始和小伙伴组乐队。当然，还有更多时间要完成学校的课业，专门用于画画的时间越来越少。

有一天，妈妈问木朵：“你最喜欢的事情是什么？”

她完全没有犹豫，特别笃定地说：“画画！”

“那你每天花多少时间画画？”

“以前很多，现在……有些少。”

突然意识到，我们都应该反思了。

其实，她画得也不算少，作业里，日记里，随处可见各种小画。每天书包里带回来的，也都是各种画满画的小纸片。只是，静下心来画画的机会越来越少了。

于是，我们和木朵商量着做减法。木朵也说，自己要多安排一些时间画画了。不是完成作业和写日记的那种，也不是随手画的小画，而是像小时候一样，摊开大纸，随心所欲地花好多时间画的那种“大画”。

不得不承认，每个人的骨子里都带着各自的样子，每个孩子内心深处都有最让他着迷的事情。我问木朵：“你觉得对你来说，什么事情让你最放松？”

“画画。”她回答得毫不犹豫。

是啊，木朵去参加钢琴比赛之前，是画了张画才出门的，似乎这是她减压的方式。她学游泳和网球回来，是用画画来记录老师新教的技术。对她而言，这种记录好像比写字更直观和有效。画画已经成了她生活中完全不能被替代的一种记录方式。

经常有朋友说，爸爸能画画真好呀，不但能记录孩子的成长，还能培养孩子的兴趣！可我们不会画画，没这能力怎么办呀？其实，每个人都会有自己擅长的领域。愿意陪孩子一起学画画，当然好；如果实在不感兴趣，也完全没关系，何必执着于画画这一件事情呢？我爱画画，发挥自己的特长，用画画的方式陪伴孩子。不会画画，并不代表不能记录，不能陪伴。

记录，其实什么样的方式都好，最简单的就是拍照和写日记。哪怕是用手机拍也可以，不要求技术多高，重要的是多花时间陪伴。周围很多朋友都在这样做，有的定期把微博、微信故事做成书，有的打印照片做成长手账，还有的坚持用录音软件记录孩子的声音，有的拍小视频，还学着剪辑。不管是简单还是复杂的方式，只要坚持，就是在记录和孩子在一起的欣喜和考验。

你一定有你的兴趣、特长，哪怕被生活的琐碎尘封多年。比如打篮球，你不一定打得多好，你只是喜欢打球。上学的时候，可能班级比赛都没进过首发阵容，那又怎么样？喜欢就足够啦！带着孩子进入你的篮球世界，孩子才不关心你原来在球场上是不是最受瞩目的那一个。只要你花时间和他一起出汗，一起砸篮圈，一起弄得满手脏，他收获的可能是你俩邋遢着回家被妈妈甜蜜唠叨的时候，心领神会的相视一笑。这样的经历难道比一起画画差吗？爱上运动，拥有好品质和正能量，让他有足够的力量面对这个纷繁复杂的世界。

也许，你是天生思路清晰、对数字敏感的人，那就多和孩子做数字游戏吧。去菜市场买菜，你随便抖个机灵，就可以把加减乘除外加小数点运算都用上了。要是辅导作业，遇上各种表格、数据、方程式，你就瞬间树立了高大形象，轻而易举升任“偶像派”。等孩子再大一点儿，从宏观经济到家庭财务，和孩子一起讨论生活中的数学问题甚至经济问题，

让孩子觉得生活好玩。

你可能会说，哎呀，别的我都不会，就爱下厨房。多好呀，那就经常变着花样给孩子们准备各种健康饭菜吧。比起外面餐厅的饭菜，比起保姆阿姨做的饭菜，我认识的孩子，都更爱吃爸爸妈妈亲手做的家常饭菜，这是家的味道。很多年以后，孩子长大离开家，也会时时想念家的味道。有时间还可以让孩子参与进来，和你一起包饺子，做蛋糕，他们可能也会爱上厨房。等他们大一点儿，把你的绝活儿统统传授给他。出门在外，会做一手好饭，比画一手好画实用多了。

也许你爱阅读，那就把这个良好习惯传给孩子。如果你不爱阅读，那么请和孩子一起，让自己爱上阅读。为他阅读，陪他阅读，终有一天，你们会从阅读中收获喜悦。

也许你是科学爱好者，那可以带着孩子一起研究日常生活中的各种物理、化学现象。也许你热爱旅行，别嫌带着孩子麻烦，继续你要走遍世界的脚步吧。让孩子从羁绊变成旅伴，在旅途中见识的历史和地理知识比书本上的生动多了。也许你精通音律，那你的孩子绝对是幸运儿。在音乐滋养中长大的孩子，心境必然与众不同。

如果觉得自己实在没有什么特长或爱好，没关系！可能你热爱生活，请继续热爱生活。可能你爱你的父母，那就继续好好爱他们。可能你很平凡，但很上进，那就坚持。你每天对生活的珍惜，对家人的爱，对梦想的坚持，也是对孩子最好的教育。

更多的时候，要了解孩子喜欢什么，愿意接触什么，愿不愿意和爸爸妈妈讨论问题。我们都是要偷偷做些功课，默默努力的。比起陪着孩子画画，用真正属于自己的方式陪伴，才是父母给孩子的最好礼物。

一对爹妈的两个娃，却生得哪儿哪儿都不一样。好在，对你们的爱，以及你们彼此间的爱是一样的。

4

一和二

——俩娃的差别很大吗

吃饭超人

别看米卡其他事情不着急——爬得晚，走得也不早，会说的话才几个词，但吃饭这件事，人家绝对赶早。现在，大人喂到一半，他就开始要碗和勺子，非得自己吃，满地狼藉的架势比喂饭还可怕。没多久，他已经完全可以自己吃了。往好的方面说，爸爸妈妈终于解放，可以和大家同步吃饭了。但后果是，吃完饭，收拾战场的时间比原来喂饭的时间还要长。

米卡独立吃饭的样子和七年前的姐姐一样。有相当长一段时间，餐椅受到的待遇特别高，总是被直接请进浴室，连冲带刷。为什么？因为擦是根本擦不干净的。淑女木朵在食物面前却是霸气十足，吃饭从来不挑食材，只挑做法和厨艺。食欲不好的人，一定是缺一个木朵这样的饭友。

下厨房

木朵从小爱在厨房看我做饭，现在狂爱下厨房。不管是在自己家，还是在朋友家，只要有机会，她总是希望动手掺和一下，出去玩也不忘练手。木朵的手艺眼瞅着就比爸爸妈妈厉害了。

米卡和姐姐一样，很小就爱做家务。小小的人儿拿着扫帚簸箕一忙活就是大半天，效果不好评价，但这勤快劲儿还真是应该得到褒奖。你能想象吗？米卡爱逛超市，喜欢在小院子里浇花，还喜欢假装在厨房炒菜和端茶倒水。

家有“超模”

木朵妈妈一直对自己打扮娃的天赋挺有自信的。这份自信最近被面前这位越来越独立自主且不断拥有更强动手能力的模特彻底击碎了，这位同学可真是见到什么都想往身上穿。遇上这样一个主儿，所有想当造型师的妈妈都得退后。

妈妈的裙子
姐姐的秋裤
爸爸的拖鞋

不是双子座，胜似双子座！

很多人眼里的木朵是安静的乖乖女，有点小害羞，有点艺术范儿。跟好多小女孩一样，喜欢唱歌、跳舞、弹钢琴。其实越熟悉她，就越知道这个家伙心里藏着个“女汉子”。偶尔不走寻常路，暴露出坏坏的样子，满脑子都是搞怪的想法。木朵的两面都是真实的，虽然不是双子座，骨子里却是个十足的双子座。

音乐细胞

木朵姐姐最近迷上了乐器，米卡弟弟也是……

除了学钢琴，木朵姐姐有时还弹古典吉他，偶尔在小乐队里客串贝斯手什么的。最近更是创作热情高涨，总在家里练习她的吉他弹唱。米卡弟弟从来都是唯姐姐马首是瞻的，他的身影总是出现在姐姐身边，只是……

遛弯儿

木朵上幼儿园之前，很喜欢在小区里遛弯。小区里遛什么的都有，遛狗的，遛娃的，新闻里好像还说过有遛小猪的，遛白菜的。开始呢，木朵最喜欢遛兔子，后来发展成遛自行车。

若干年后……

终于有了个弟弟，木朵可以遛弟弟了，比起以前那些，这个可好玩多了。

五年后，收到了同样的礼物

今天，米卡在树丛里捡到一片边缘有点儿泛黄的叶子，径直跑来找我。他很努力地用他特有的语言表达："爸爸，嗯嗯，嗯嗯。"同时，举着叶子送到我手里。哦，原来这是送给爸爸的礼物。眼前的情形像极了五年前木朵的样子，她也是这样送了片叶子给爸爸做礼物，而且一送就是整个秋天。孩子就是这样，身上自带温暖属性，用最本真的方式，用他们获得的"至宝"表达爱意。

GIFT

“青葱少年”

不只是当年的木朵姐姐有各种“奇葩玩法”，米卡弟弟竟然也如出一辙，除了梳子、鞋子、胶带、牛奶盒、漏勺，那个蒜皮、姜皮、葱皮啊，真没少尝。

你好啊，我的“青葱少年”。你就这样慢慢修炼吧，过不了多久，厨房的阵地就交给你了。

想唱就唱

偶然路过超市门口的玻璃柜，就是这两年才开始流行的“自助卡拉 OK”，俩娃觉得有趣，嚷嚷着要进去玩。拗不过他们的强烈要求，只好带姐弟俩体验一回新鲜事物。没想到，这俩娃迅速进入状态，那股陶醉劲儿，唱了好几首都意犹未尽，简直让爸妈大跌眼镜。

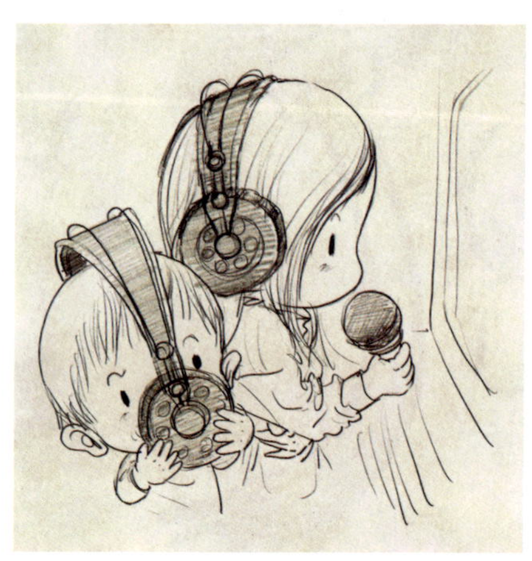

“吃书”的孩子

最近，米卡也开始爱看书了，这就是榜样的力量啊。不过，比起他自己的书，他对姐姐的书更感兴趣。刚开始是给姐姐捣乱，还有就是想尽办法消灭那些书。现在，米卡会对着密密麻麻的小字看，装作一副很懂的样子，用一种外星语喃喃自语。

可别被忽悠了，仔细看米卡阅读的样子，十有八九都是倒着拿、倒着翻的。一堆一堆地看，这速度，绝不是吹牛。如果你问他看书最吸引他的是什么，我保证，他一定会告诉你，看书可以赖在姐姐身边呗（要是他会说这么复杂的句子的话）！

五行缺“出去”

又是连续几个雾霾天，木朵好歹还能每天出门上学，可怜的米卡没有了常规的户外活动，整天憋在家里。不夸张地说，照这情形下去，眼瞅着这孩子就要被捂得长毛了。据我观察，这两天他已经开始挠门了，家里的大门、卧室门、厨房门、厕所门、衣柜门，甚至洗碗机、洗衣机、烘干机，但凡是有门的，他一个也没放过，连拍带拽。话说回来，这也不能全怪天气，真追根溯源，这家伙从小就有这习惯。

爸爸作为一名设计师非常忙……

做设计的时候，需要经常读一读《易经》。

这一年，女儿出生了，查阅书籍后知道她五行缺木，于是，给女儿起名“木朵”。

七年后，儿子出生了，又经查阅，发现这小子居然五行都不缺，于是起名“米卡”，想知道为什么吗？猜！

随着米卡一天天长大，我们发现……

嗯！嗯！

垃圾，扔还是不扔？

木朵是个什么都不舍得扔的小孩，时时把“要回收”挂在嘴边。一天，跟木朵聊以后的职业，她竟然说要去垃圾回收厂工作。没过多久，这个话题又成了她参加学校演讲比赛的主题，她收集了不少资料，了解了许多国外先进的垃圾分类方法，建议大家“回收再利用”。好家伙，这一个不让扔垃圾，另一个就迷上了“帮忙”，而最喜欢帮的忙就是“扔垃圾”！于是，垃圾是扔还是不扔，在我家成了一个问题。

垃圾箱
扔
停
有。、
摇
吸
吸
使劲吸
没。、

打抱不平

这个冒失的小子还不太控制得好自己的情绪和动作，总是或多或少地闯祸。所以，在爸爸妈妈眼里，要随时随地地教育这只“猴子”，要对姐姐好，不许欺负姐姐。木朵妈妈又开始给米卡讲道理，没想到，一不小心就让米卡会错意，惹得我要替闺女打抱不平！

米卡，你得多"拍"着点儿姐姐，
她将来给你买好吃的。

?

啪!

新来的，你别欺负我闺女!

脾气再好的姐姐，也怕遇到“熊孩子”弟弟

木朵绝对是个好姐姐。她对米卡的包容和关爱，甚至远远超过我们能够想象的程度。看着姐弟俩在一起亲密的样子，我俩总是禁不住感叹，真是不知道这个看上去安静的姑娘，心中怎么有这样深厚的爱和笃定的力量。不过，就像再好的季节也不可能每天都是晴天，再好的姐弟也都是孩子，免不了会有纷争，比如……

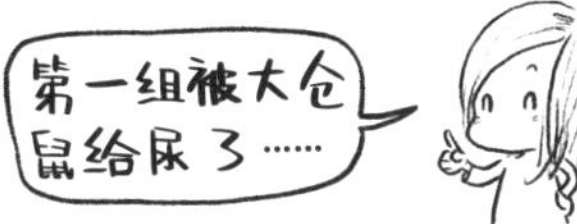

第二组被狗
狗给撕了……

第三组被猫
咪给抓了……

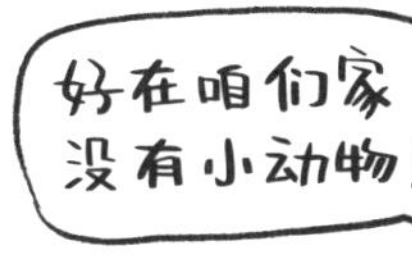

刺——

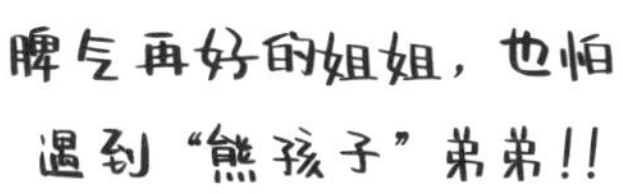

姐姐的“小迷弟”

我是米卡，我很幸福，因为有爱我的爸爸妈妈。更重要的是，我有姐姐，她叫木朵。爸爸妈妈说，姐姐是他们的，我是姐姐的。

妈妈说我是早产宝宝，所以什么都可以慢慢来，不着急，比如我才学会走路没多久，比如我也不怎么会说话。可是，我很早就会叫“姐姐”，这个算是很厉害的。其实，我也不知道为什么很早会叫姐姐，可能是因为我喜欢她。只要姐姐一出现，我就忍不住咯咯咯地笑。用大人的话说，姐姐就是我的女神，我是姐姐的“小迷弟”。

我喜欢看姐姐画画。她一有时间就画，我想要什么她都可以给我画出来。姐姐画画的时候真美。姐姐和爸爸不一样，爸爸画画总要想好久，一遍一遍地画草稿。姐姐就不用，她拿起笔直接画，好像那些画都存在她的脑子里，需要的时候随便拿出来就行，太厉害了！

我喜欢听姐姐弹琴，她弹什么我都喜欢。姐姐弹琴的时候，如果我坐在餐椅上，我就给她鼓着掌打拍子。如果我在地上玩，一定第一时间冲过去，坐在她的脚边。如果姐姐弹的是欢快的曲子，我就会摇头晃脑、挥手跺脚地伴舞。

当然，偶尔我也会捣乱，跟姐姐一起弹。姐姐竟然说，我弹的低音还挺好听。我知道那叫拍，不叫弹，可是姐姐一点儿也不介意。

我喜欢看着姐姐读书，一本接着一本，也不知道她在看什么，但我觉得那些书看上去很好吃。姐姐可能也不知道自己在看什么，因为妈妈会问她一些书里面的事情，她有时候也答不上来。不过那又怎样？一定是妈妈的问题太难了！反正我就是喜欢看姐姐读书。姐姐还会给我讲书，她会讲好多书，满满都是字的书也会讲，不过我更喜欢有图片的。但是，只要是姐姐讲的故事，我都会认真听完。

我喜欢看姐姐打球，她打球的姿势可好看了，虽然不是所有的时候都能把

球打过网，但光看动作，我都觉得帅极了。我已经开始偷偷地拿着姐姐的球拍练习了，我得快点长大，等我技术再好点，我想跟姐姐一块比打球。我一定把球打得稳稳的，才不会像那些跟她比赛的小哥哥一样，老是打出那些让人接不到的球呢！

我喜欢看姐姐跳舞，那些和她一起跳舞的姐姐都很漂亮，也都很喜欢我。妈妈说我看她们演出的时候可认真了，看得直流口水。但是，我还是最喜欢我的姐姐，她才是最美的。姐姐跳舞的时候，笑得好开心，全身都闪着光。

姐姐做什么我都喜欢，姐姐浇花，姐姐写作业，姐姐跟朋友们一起挖“恐龙化石”，姐姐做饼干。姐姐特别厉害，好像什么事情都难不倒她。有时候，我和姐姐坐在一起摆弄她的相机，玩捡到的叶子，或者什么都不做也行。只要坐在姐姐身边，我就很开心。

其实，我最喜欢的还是和姐姐一起旅行。为什么？因为平时白天姐姐要上学，我不能跟着。晚上姐姐睡自己的房间，我也不能跟着。可是，旅行的时候，我们可以一天二十四小时都在一起，晚上还可以睡一个房间。

姐姐呢？她经常跟妈妈说：“妈妈，我太喜欢这个小家伙了。”哇，原来姐姐也是这么爱我，这简直太棒了！

小小
弟弟
姐姐

米卡就是世界上最可爱的弟弟

妈妈说，我是个称职得不能再称职的姐姐，从来不计较米卡制造的麻烦。我知道，妈妈指的是米卡偶尔会打扰我写作业，跟我抢琴凳，或者没轻没重地拉我的头发，拽我的衣服。这些我都不介意，虽然有几次他撕坏我的作业本的时候，我会表现出伤心，但也没有真的生气。

在学校，朋友们经常照顾我，可能因为我稍微小一点儿。我和米卡在一起

的时候就不一样了。爸爸妈妈说，我是他们的，而米卡是我的。所以，我要好好照顾他，就像爸爸妈妈和朋友们照顾我一样。有时候米卡闹脾气哭了，爸爸妈妈没来得及管，或者也不愿意那么快管他的时候，我总是第一个冲过去哄他：“爸爸妈妈，米卡都哭了，你们快管管他呀！”我会随时随地观察米卡，不能让他拿危险的东西，还要留意他是不是该喝水了，是不是该换尿不湿了。每次出门，我都会提醒妈妈给米卡带围兜和水壶。爸爸说我比他还细心。有我在，爸爸妈妈总是特别放心，还说一家人出门不是“二拖二”，而是“三拖一”。

米卡特别喜欢狗。我在学校的图书集市特意给他挑了关于狗狗的书，然后一遍一遍地给他读。我最喜欢的还是带米卡参加学校活动。我会特别骄傲地跟我的同学们介绍：“这是米卡，我弟弟！”我知道有弟弟也不是什么特别值得骄傲的事情，很多同学家里都有兄弟姐妹。但在我眼里，米卡就是世界上最可爱的弟弟。

我也不知道为什么那么爱米卡，可能是因为他跟我长得很像，也可能因为他也一样爱我。每天早上，他一睁眼就要“找姐姐”。爸爸妈妈说他白天要念叨一百多回“姐姐”，眼巴巴地盼着我放学。我在哪儿，他追到哪儿，动不动就要和我拉手、亲亲、抱抱。爸爸妈妈说米卡是家里的“混世魔王”，可是，我觉得他是我的“无价之宝”。有了米卡，我们可以一起长大，这就是我想要的弟弟。

同样的爹妈，不一样的娃

“同样的爹妈，为啥这俩娃哪儿哪儿都不一样呀？”这几乎成了我们家现在聊得最多的话题。

木朵是个晚熟、慢热的孩子，过去的几年里，对这个看似柔和其实极有主见的小孩，我们一直在做深呼吸，训练自己静待花开的耐心。随着米卡小朋友的长大，一种完全不同的火暴性格越发凸显，另一种“修炼”从头开始了。

不只是性格，这姐弟俩从出生开始就不一样。怀木朵的时候，孕期顺利到几乎没什么感觉，木朵出生的前一天，我还在上班改稿子。怀米卡的时候，遇到各种刺激和挑战，提前一个多月入院，好在也算有惊无险。

木朵是大眼睛、小耳朵、小胖手、小胖脚、嘟嘟脸的小胖子。米卡是小眼睛、大耳朵，典型的“只有脸胖，其他地方都不胖”的瘦家伙，我们总是好奇他吃的那么多东西都去哪儿了。

木朵几乎没怎么流过口水，小时候的口水巾大多没用过，难得用过的几块也是当小围巾做装饰。米卡的口水就没停过，我们又好奇那么多的口水都是哪儿来的。

木朵的头发浓密，又黑又亮。米卡的头发稀疏，又软又黄。木朵出牙、说话、走路，几乎是对比着生长曲线表来的，该干什么的时候就干什么。米卡完全没有规律，早的早，晚的晚，规律这事仿佛跟他没啥关系，随时随地用“我

的事情我做主”的状态通知我们：“把那些条条框框都扔了吧！”

木朵是极安静、专注的孩子，从小跟着我们旅行，不用担心走丢了，因为她根本不可能让我俩不在她的视线范围内，更不用担心她在公共场合吵到别人，该睡觉就睡觉，该吃饭就吃饭。当然，付出的代价便是，她是个极谨慎的孩子，从不会配合大人，不会在需要的时候跟人打招呼，不会主动示好。更多的时候是观察和审视，极大地挑战爹妈的抗压能力。

米卡完全相反，这是一个大嗓门、烦躁的时候会大叫、高兴的时候也大叫的小子。我们要做好几手准备，以防他在飞机上爆发，吃的、喝的、玩的，都在他困了却睡不着的那一刻没了用处。每次出去吃饭，我们看到环境幽雅的餐

厅都望而却步，生怕这位小爷一言不合就扔勺子的阵势吵到其他客人。当然，我们从来不担心他怕生，在米卡的字典里似乎就没有“陌生环境”这个词。极其擅长示好，见人就笑，甚至会主动求抱抱。出门比在家乖，装模作样的实力一流，可以极大地满足爹妈的虚荣心。

木朵满眼都是纯真，身边总有贵人关照。米卡每天古灵精怪，满脑子都是坏主意，自己搞不定的，一定主动寻求帮助。一帮小朋友在做游戏或者玩玩具，木朵会一直远远地看着，哪怕心里再感兴趣，一时半会儿也不靠近，连玩滑梯，赶上人多了都敬而远之。米卡可不一样，看到什么新鲜事物，保准第一时间冲过去，立刻掺和进去疯玩。

很小的时候，木朵的专注力就很强，

给她讲绘本，她能一本一本连着听好久。米卡听不了几页就把书抢跑，然后把书一扔，忙活别的去了。

木朵从小守规矩，那些提前准备的抽屉、柜门的保护锁、电源保护器，都没怎么用到。告诉她什么是危险的东西，她根本不会去碰。米卡可不这样，柜子、抽屉、冰箱、洗衣机，但凡能打开的，他都得逐个打开，看个够。最近，快递员小哥源源不断地运来的各种快递包裹，都是防止他翻箱倒柜的装置。

米卡专玩各种不该玩的东西，扫把、瓶子，甚至大葱。他还用不同的方式偷偷玩姐姐的东西，把吉他当古琴，把球拍当拖把，把书当台阶。我家所有电器的按钮都已经遭过他的毒手，从洗碗机到洗衣机，从烘干机到净化器，但凡够

得着的叫“按钮”的物件，都被他按了无数遍。有人说，旅行的时候，可以给孩子带玩具安抚他。可是，我家没法带呀，难道我要带根大葱在飞机上哄他睡觉？

木朵吃母乳到十八个月，我出了趟差，回来说断奶就断了，奶粉无缝对接。从奶瓶、鸭嘴杯到吸管杯，给什么用什么，母乳、奶粉给什么吃什么。米卡一直不肯吃奶粉，用遍各种容器，不是一口不吃，就是不多不少吃两口，然后一脸嫌弃，挡着一只手表示“拿走，拿走”。

天哪，越写越觉得，这也太不一样了。只好安慰自己，不一样就不一样吧，也没什么，都是健康宝宝就够了。最重要的是我俩对孩子的爱，自始至终都是一样的。

自从有了你们俩，一家大小憋着劲地努力。要说还有需要期待的，那就是请你们平安健康地，慢慢长大。

5

成长

——带娃的难度降低了

长大，就要经历无数场“模仿秀”

晚饭后，大人们忙活累了，都歇着，放扫地机器人出来干活。咣当一声，机器人撞到了洗手间的门！写完作业哼着小曲的木朵过来看，米卡跟着姐姐也来看。

米卡啊，你还没门帘高呢，用得着学姐姐低头弯腰的吗？

孩子所有的成长阶段都是从模仿开始。木朵小时候，我因为个子高，走到比较低的树枝下就要弯腰低头，木朵跟在后面，照葫芦画瓢，也弯腰低头地走路。其实，那根树枝真碰不到她。看到这些，我们大人作为被模仿者，自然有压力和动力，时时"自省"，让自己跟着孩子的成长一起进步。

坐校车

做好早餐，叫木朵起床，洗漱，换衣服，下楼，木朵听着故事或者音乐吃早饭。木朵上学的日子，每天早上的流程几乎都是如此，今天也没什么例外。唯一不同的是，今天要提前五分钟出门，因为木朵开始坐校车了！

其实，我和木朵妈妈很乐意接送木朵上下学。记得没有米卡的时候，俩人虽忙，但每天都是送完木朵再工作。下午再安排时间轮流接，赶上俩人时间都允许的情况，总是争取一起接。有了米卡以后，我成了接送的主力，再忙也乐此不疲。现在，木朵学校的学生越来越多，上下学时间，学校附近堵车堵得厉害，这才考虑改坐校车。

看着人家无比淡定地上了校车，隔着玻璃挥手再见，我们反倒有点儿不习惯，深深地感觉她又长大了。

EMY
学校

有一种模仿叫“山寨”

姐姐在舞蹈学校拍照，米卡第一次真正近距离地见识到把杆。看姐姐站在把杆前面，他赶紧上去，装模作样，如芭蕾老手一般，直接抬起小短腿“开练”。放学以后，姐弟俩在小区公园玩。姐姐在草地上和我显摆最近喜欢玩的把式——原来小姑娘在偷偷练习下腰呢。

米卡好奇心满满，回到家，赶紧学着姐姐的样子，在地垫上哼哧哼哧地“开练”。只是，咋觉得这个角度有点儿不对劲呢？哈哈，儿子啊，你的腰是下反了吧？

龙抬头

在民间，“二月二，龙抬头”被记住，是因为它表达了春季来临，万物复苏，各种农活也要开始了。“中和节”的名字，“春龙节”的名字，都慢慢地被淡忘了。在我家，除了按照习俗“剃龙头”（理发），其他约定俗成的讲究都没有了，就剩我画张小画。好在，今年的龙抬头，木朵有了个小帮手。

听话

终于，米卡能够听懂大人说话了，简直要欢呼雀跃起来。生活迅速进入一个全新的阶段，跟他的沟通和互动似乎更轻松，甚至很多事情他都可以独立完成。一段时间观察下来，米卡还算是个“听话”的孩子。这不，一顶帽子，让他一通忙活，摘了戴，戴了摘，主要原因就是太听爸妈的话。

吃完饭，准备回家……

饭团

早上，木朵妈妈给木朵做了一顿营养早餐，其中有一个小熊猫饭团，相当可爱。当餐桌上的饭团遇上木朵和米卡……

单杠

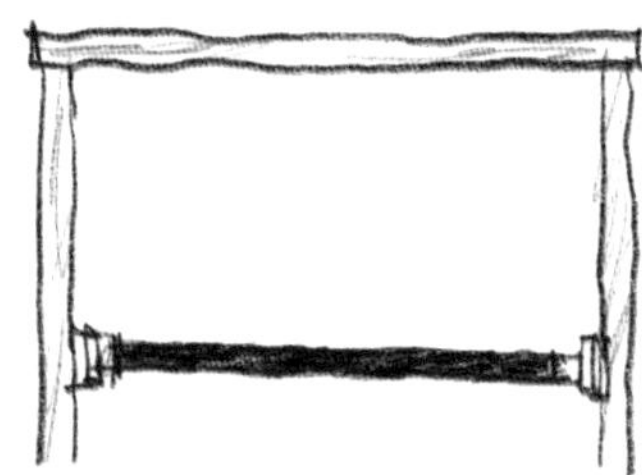

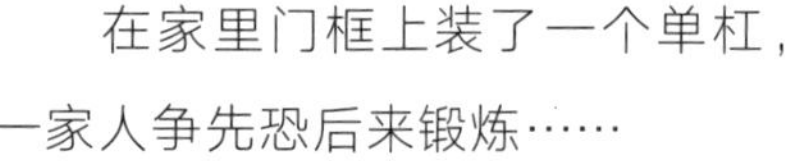

在家里门框上装了一个单杠，一家人争先恐后来锻炼……

父亲节

又是一年父亲节，有了木朵，又有了米卡，收获的爱和满足自然更多了。与此同时，肩上的“担子”也更重了。这不，我跟木朵一起玩陶泥，我俩的作品连成了一个故事：俩娃太重啦，抱完就累趴下了。

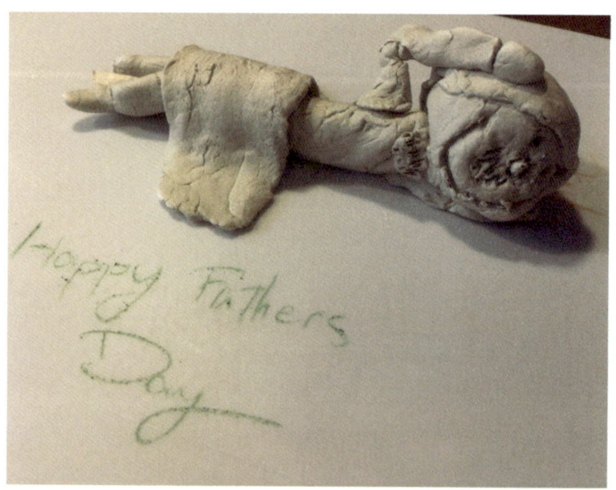

一家人过生日

我们家一个人一年过俩生日——阳历的和阴历的，四个人一年就过八个生日，回回要仪式感还真是挺有挑战性的，所以我们选择保留最简单的形式：煮个鸡蛋，吃碗长寿面，准备一个小小的蛋糕，吹蜡烛。当然，最重要的就是互相画张画。

木朵姐姐的小课堂

恭喜米卡正式进入语言爆发期，每天学各种话，一大段一大段的，进步飞快。按这趋势，绝对是向着“话痨”的目标迈进。在这个过程中，木朵姐姐功不可没。只要有时间，她就一遍一遍地给米卡讲书，一个字一个词地教。米卡也很给面子，在姐姐面前谦虚得很，每次都认真地学，跟着一字一词地重复。只是，有时候吧，这初衷和达成的效果多少会有些出入。

这一天，木朵姐姐的小课堂又开讲了……

fei蝶。
蜗牛。
fei牛。
蚂蚁。
fei椅。

姐姐!

飞机“进化论”

飞机、汽车、挖掘机、拖拉机，反正我家这俩娃，双双对带轮子、翅膀的钢铁家伙情有独钟。

最近米卡又增加难度，对飞机的关注与日俱增。甚至，我觉得米卡已经被这份真爱限制了想象力。一度，在他眼中，天上飞的都是飞机，哪怕不是飞机，也是什么机，至少是什么 ji。

当然，成长的脚步不会停滞不前，米卡也在逐渐更新对飞机这个词的认知和理解，在这个过程中充分发挥想象力……

游轮上……
姐姐，嗯！
螺旋桨，转转转！
大转转！

大转转！

米卡，这个是直升机！
大飞机！

姑姑家

姑姑家

飞机!
?
姑姑家

屋里怎么有飞机?!
姑姑家

……

姑姑家

指鹿为马

古有丞相赵高意图篡夺秦二世的皇位，“指鹿为马”设圈套试探群臣；今有米卡以快两岁的“高龄”对着一只鸟，用各种招数试探姐姐和爹妈的笑点。家人的承受力一再被挑战，之后发现，原来底线都是可以调整的。

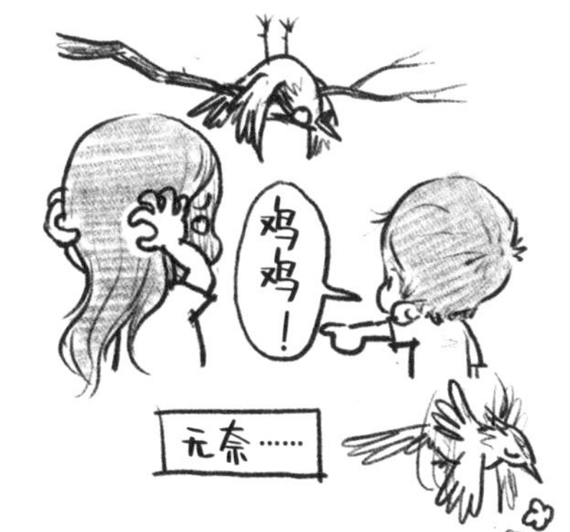

现在的孩子们，
也许先认识飞机，
再认识鸟……

聪明反被聪明误

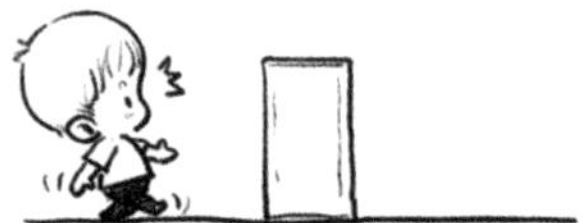

厨房新装了自动感应垃圾桶。没几天工夫，米卡就摸清了用法。可是，还没等我们表扬他学习能力强呢，他又忍不住自己发挥了。这一发挥，可不得了，简直弄得我们无奈啊。幸亏米卡有木朵这样好脾气的姐姐，要不然，这个家伙到底要吃多少奇奇怪怪的亏呀？

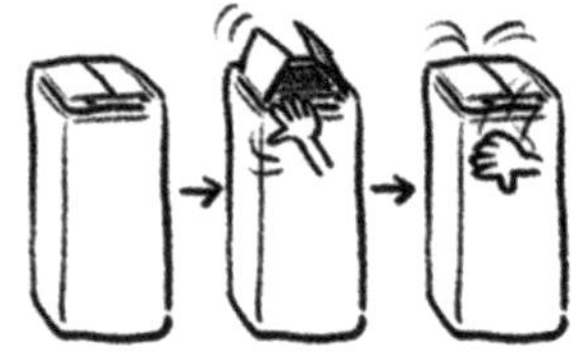

有一个姐姐真是一件
很幸福的事。
……

全“自助”的娃

各种迹象表明，米卡已经提前进入“叛逆期”(Terrible 2)。

一对老实巴交的父母和一个乖巧懂事的姐姐搞不明白，怎么就突然多出来一个完全不按常理出牌的米卡。后来，我们慢慢发现，原来这家伙是一切靠“自助”啊。他就像安装了一套自助运行程序，而且超级智能，完全不按我们的引导出牌。说简单点，就是自己想要怎样就怎样。比如刷牙，他从自己拿得住牙刷以后，就不肯让别人帮忙，不知道已经咬坏了多少个牙刷。

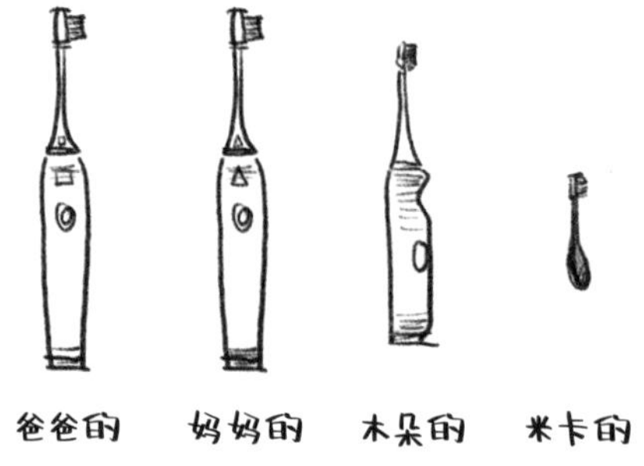

米卡弟弟的内置发声系统

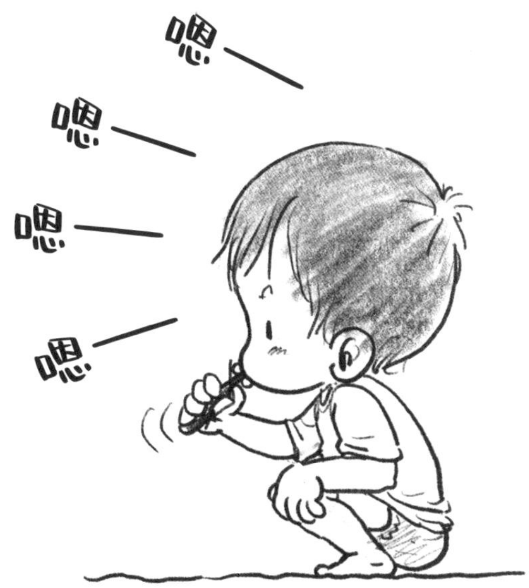

“贵人语迟”

快二十二个月大的米卡弟弟有一套自己的“语言体系”，本着“贵人语迟”的宗旨，能省就省。

人家每天就靠着为数不多的几个词叱咤风云，混迹“江湖”，吃喝拉撒都不耽误——这出来混的，哪个没有点儿看家的本事？

没！
嗯嗯！
来！来！
这儿！这儿！

蚊子

北京又热又多雨，蚊子一下子就多起来了。这不，一时松懈，让蚊子得了逞，大人孩子都遭到袭击，木朵和米卡叫苦连天。要不怎么说“时势造英雄”呢，挨了蚊子咬的俩小孩也不白受苦，各自长进了。先是木朵，眼疾手快，已经会打蚊子了，比爸爸妈妈的准确率还高呢！接着是米卡，眼也尖，可惜手不快，但嘴快呀，一下子学会说“蚊”字了。不过米卡就是米卡，只学会一个字是不会罢休的。他那“秀才识字认半边”的自信，把举一反三发挥得有点儿过头了。

乌！
不对，米卡。这个是蚊子。

蚊！
打死它！

这个是蜜蜂。
蚊！

这个是苍蝇。
蚊！

这个是蝴蝶。
蚊！

蚊机！

语气词“狗狗”

米卡对狗狗的喜爱似乎与生俱来，现在这种情感已经进入混沌阶段，看到什么都叫狗狗。这位同学在了解到狗狗是有所特指，不是所有长毛的生物都是狗狗，并且初步学会了猫、鸟、鸭、牛、马、象、鱼、蚊等名词以后，仍旧不放弃对狗狗的“执念”。在他的词典里，“狗狗”这个词的含义之深以及覆盖面之广，也是没什么可以相比的了。他开始自作主张地把钟爱的“狗狗”一词变成了语气词，放在他的所有外星语式长句子的后面。

啥？
狗狗。

狗狗。
青蛙。
思密达。
狗狗。

“轮”椅

最近，木朵也开始变着法子刺激我们。那个好几年前的段子手木朵，好不容易消停了一阵子，这几天又回来了。当然，区别也是有的，那时候是年纪小不懂事，现在成了“没文化真可怕”。真担心她这么乱七八糟地说话，将来没人听得懂。

中文学习，从小抓起，
一字之差，天上地下。

“翻译官”姐姐

都说“贵人语迟”，那我们家米卡可真够“贵”的，这都两岁了，才算正经八百开始说话。当然了，人家虽然起步晚，可是进步快呀，一说就是一大堆，一串一串，一套一套的。不过这话虽然说得不少，但听得懂听不懂的，可就看听众的造诣了。反正亲爹亲妈都是连猜带蒙，只有姐姐很厉害，在各种“鸡对鸭讲”的混乱中，充当着米卡的翻译官。

知弟莫若姐啊！

“听话”升级版

叛逆期的米卡开始在吃喝拉撒的事情上挑战权威，表现之一就是要挣脱儿童餐椅的束缚。一切都要向姐姐看齐，试图与她“平起平坐”。米卡最近开始强烈要求跟姐姐坐一样的椅子，即使坐在儿童餐椅上，也拒绝像小时候一样乖乖地系安全带，所以他经常吃饭吃到半截，就嗖地一下站起来，弄得人一身冷汗。这种涉及安全的问题，木朵妈妈是绝对“零容忍”的，立刻严厉地要求他坐下，结果……

米卡，不能站在椅子上，快坐下！

天使和恶魔

可是，
睡觉之前……

听说孩子们醒着的时候是恶魔，睡着了才是天使。嗯，米卡弟弟醒着的时候真的是个恶魔，是个真恶魔。那么米卡弟弟睡了之后，就应该是个“天使”了吧……

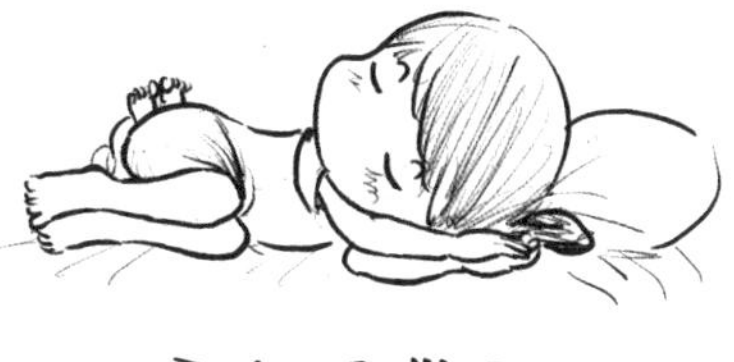

终于能睡觉了……

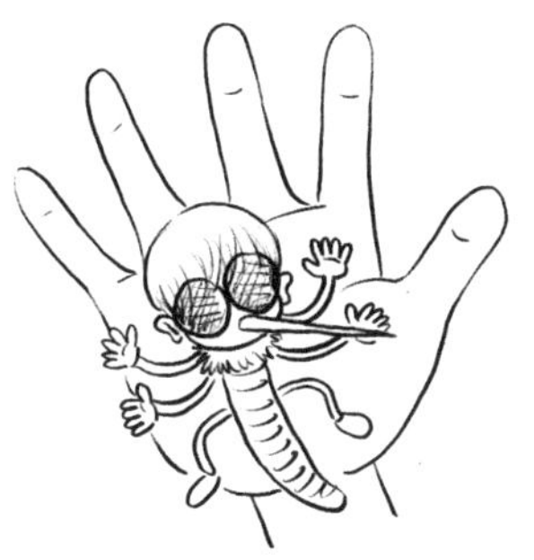

吸

吸

送给：

又一个两年没有睡过囫囵觉的
木朵和米卡的妈妈。

生日快乐！

最好的旅行是和家人一起

木朵九岁了，我们坚持每年全家一起旅行也有八年了。我做了十几年的旅游杂志编辑，出差采访是家常便饭，不管是独自旅行还是团队出行，有时候甚至需要拟定并且遵循细致到分钟的行程。旅途中要适应种种习以为常的紧张节奏，甚至在途中已经开始写稿发稿，都让旅行不能再被称为旅行。

为了避免自己家的旅行也像工作，我不太爱做细致的行前计划。每到假期，总是一副"一天都不愿意耽误，拔腿就走"的架势，恨不得把所有时间都用在路上。所以，木朵和米卡从很小就和爸妈一起旅行，并没有什么明确目的，只是顺其自然的事情。

对于木朵而言，带着弟弟一起旅行的经验已经十分丰富。我整理了木朵聊旅行的一些片段，来看看这位姐姐对和弟弟一起旅行的看法。

问：当姐姐最开心的事情是什么？

答：最开心的事情就是和弟弟一直玩，有弟弟真是特别有趣、特别幸福的事情。我们一起旅行的时候，可以整天都在一起。我可以用车推着他，还可以牵着他的手走路，甚至跑步。

问：和弟弟一起出去玩，你最想要给他看什么？

答：我特别喜欢动物，在我很小的时候，就开始看世界各地不同的动物。弟弟也喜欢动物，所以我最想带他一起看动物。不只是看动物园里的动物，还要到大自然里看野生动物，比如非洲大草原的动物。

我喜欢画画，喜欢去看我认识的画家的画，我也想带弟弟去看。不过他太小了，也许还看不懂。我也很想让他了解一些像凡·高、莫奈这样的画家的故事。等他再长大一点儿，还可以跟我一起去游乐园，去徒步，去探险，我可以给他讲很多我在科学课上学到的知识。

问：到目前为止，你都和弟弟去过哪里旅行？做了什么？

答：我从十个月大开始跟着爸爸妈妈旅行，弟弟比我那时还早，是从四个月大开始的。第一次四个人旅行我们去了桂林，和几个好朋友一起在大草地认识植物，做游戏，看各种漂亮的雕塑。当然，那时候，弟弟还不能参与进来，只是躺着看我们，而且很多时候都在睡觉。

弟弟十个月大的时候，我们一起到三亚度假，一起坐游轮去日本。弟弟一岁生日的时候，我们在加拿大自驾，在班夫和贾斯珀国家公园看野生动植物，在湖里划船，一起坐冰川雪地车。

等到我的八岁生日旅行，我们又一起去了日本九州岛，体验了一次火车旅行。在别府泡温泉，在大分看美术馆，当然也少不了在野生动物园看动物。

后来我们一起去了泰国普吉岛看海，这一次我可以和弟弟一起在游泳池玩水了。我每次潜水突然出现在他面前的时候，他都会咯咯咯地笑。我们一起在海边踩浪花，看太阳落山。我不是第一次去普吉岛，有了弟弟，普吉岛好像变得更好玩了。

2018年的春假，我们去芬兰滑雪，见了“圣诞老人”，还玩了很多冰雪运动。可惜弟弟有点儿小，不是每个项目都能参加，但他和我一样喜欢玩雪。

问：有弟弟以后，旅行和以前相比有什么不一样吗？

答：有了弟弟以后，旅行比以前更有意思了。我们一起去加拿大的山上找小熊，我们一起去泰国的游泳池玩。弟弟还会潜水呢，虽然只是一下下，但也很厉害了。我们在车上一起听歌，他也会跟着咿咿呀呀地唱，还会摆手、打拍子。

我会喂他吃饭，吃水果和零食。我还可以推着他看展览，不过那时候他又睡着了，所以他也没看到什么。不过我知道，只要和我们在一起，他就很开心。

很庆幸有个越来越爱旅行的木朵，同时也是个一直爱弟弟的姐姐。最近的几次旅行，木朵在路上帮了不少忙。

带孩子旅行，尤其是两个，其中一

个还是这么一点点大的米卡，绝对是体力活。所以，如果不是旅行经验足够丰富，不要贸然决定出门，不要认为必须带娃旅行才是对的，顺其自然一定是最合适的。不妨先问问自己是不是真的热爱旅行，再看看娃是不是做好了在路上奔波的准备，尤其是小的那个，最后评估一下自己是不是能够在路上搞定俩娃。如果准备好了，任何时候出发都不晚，开心更重要。

自从有了你们俩

一转眼，米卡两岁了！两支蜡烛，简简单单的庆祝，心怀感恩。一家四口的日子，平淡而真实，忙碌却幸福。只希望一家人能这样一直在一起，日复一日。总是忍不住随手拍下这些看上去很相似的场景，这些手牵手的小小身影里，有着大大的力量。

2
Happy Birthday

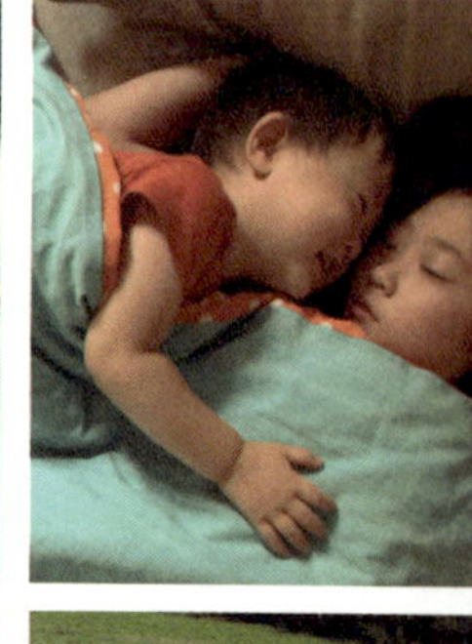

#ハイタッチタウン

SAMPO

MSC

木朵和米卡